17 février 1912 (handwritten)

VENTE

Du Samedi 17 Février 1912

HOTEL DROUOT, SALLE Nº 10

A DEUX HEURES

*

ARMES

OBJETS D'ART

MEUBLES

COMMISSAIRE-PRISEUR

Mᵉ BAYLÉ

EXPERTS

MM. PAULME & B. LASQUIN Fils

CATALOGUE

DES

ARMES ANCIENNES

ET MODERNES

EUROPÉENNES ET ORIENTALES

*Épées, Sabres, Cuirasses, Casques, Hallebardes, Pistolets,
Fusils, Lances, etc., etc...*

FAIENCES ET PORCELAINES

BRONZES

MEUBLES

Coffres — Tables — Buffets en bois sculpté

OBJETS VARIÉS

ARGENTERIE — PLAQUÉ — BIJOUX — GLACES

Dont la Vente aux Enchères publiques aura lieu

HOTEL DROUOT, SALLE N° 10

LE SAMEDI 17 FÉVRIER 1912, A DEUX HEURES

COMMISSAIRE-PRISEUR	EXPERTS
Mᵉ BAYLÉ	MM. PAULME & B. LASQUIN Fils
3o, rue de Mogador	10, rue Chauchat | 11, rue Grange-Batelière

PARIS

Chez lesquels se distribue le présent Catalogue

EXPOSITION PUBLIQUE

Vendredi 16 Février 1912, Salle n° 10, de 1 h. 1/2 à 6 heures

CONDITIONS DE LA VENTE

Elle sera faite au comptant.

Les adjudicataires paieront *dix pour cent* en sus des enchères.

L'exposition mettant le public à même de se rendre compte de l'état et de la nature des objets, aucune réclamation ne sera admise une fois l'adjudication prononcée.

Paris. — Imp. de l'Art, Ch. BERGER, 41, rue de la Victoire.

DÉSIGNATION

ARMES

OBJETS D'ÉQUIPEMENTS

MILITAIRES

FER FORGÉ

1 — Quatre lances exotiques, deux piques à lames mobiles, un casse-tête marocain.

2 — Cinq sagaies congolaises, un lot de flèches.

3 — Quatre lances japonaises.

4 — Deux sabres japonais.

5 — Huit poignards, deux casques japonais.

6 — Deux arcs et un carquois avec flèches. Japonais.

7 — Onze sabres et leur fourreau, ou piques. Japonais.

8 — Deux fusils arabes à silex.

9 — Poignard à manche d'ivoire, fourreau à bouterolle, et bague en argent niellé.

10 — Deux poignards persans, à manches et fourreaux en métal et argent.

11 — Deux poignards arabes, manche en cuivre gravé, l'un argenté, fourreau en bois et cuir.

12 — Trois amorçoirs arabes en bois, corne et métal; un porte-pistolet, une cartouchière, une bourse en cuir.

13 — Kriss malais, à lame flamboyante, et son fourreau en bois.

14 — Pipe à opium, persane.

15 — Casque annamite en cuir, avec ornements, rosaces ornées de miroirs.

16 — Quatre yatagans, à lames gravées.

17 — Sabre oriental, à très large lame.

18 — Armure japonaise, manches à cottes de mailles, cuirasse en fer gravé, équipement laqué.

19 -- Onze fusils à silex, carabines, mousque-
tons, etc.

20 — Six pistolets à pierre de 1830.

21 — Dix-huit sabres, épées ou baïonnettes.

22 — Quinze baïonnettes ou épées, rapières, etc.

23 — Deux épées de combat.

24 — Quatre fusils et leurs baïonnettes.

25 — Deux pistolets de *Lepage, 1830.*

26 — Fusil à silex.

27 — Carabine.

28 — Fusil à piston, portant l'inscription : *Le
Roi Charles XV au chevalier J. Blanc, 1863.*

29 — Mousqueton à silex.

30 — Fusil à rouet.

31 — Pièce de canon en bronze. Louis XVI.

32 — Pistolet à rouet.

33 — Pistolet à rouet, à quatre coups. XVIe
siècle.

34 — Paire de pistolets de combat, crosse en
bois sculpté. Dans une boîte, avec acces-
soires.

35 — Paire de pistolets, gaines de cuir, garniture en argent niellé, canons et batteries damasquinés d'or. Ancien travail oriental.

36 — Paire de grands pistolets d'arçon ; canons,
batteries et garniture de fer gravé ; batteries
marquées : *Pietro-Fiorenti.* xviiie siècle.

37 — Pistolet d'arçon, canon gravé, garniture
en argent. Il porte la marque : *Mazelier, rue
de Seine.* xviiie siècle.

38 — Deux pistolets, affût en bois sculpté ;
canon, batterie et garniture en fer gravé.
xviiie siècle.

39 — Deux grands pistolets d'arçon, garnitures
en cuivre et fer gravé. xviiie siècle.

40 — Trois petits pistolets, monture en argent,
cuivre et fer ciselé et damasquiné. xviiie siècle.

41 — Couperet en fer gravé, à sujets et inscrip-
tions allemands, manche en cuivre, pommeau
à tête de lion. Ancien travail allemand.

42 — Pistolet, époque Louis XIV, ornèments en
cuivre gravé.

43 — Deux hallebardes. xviie siècle.

44 — Deux hallebardes. Louis XIII.

45 — Deux fers de hallebardes. xvie siècle.

46 — Une pique, trois hallebardes.

47 — Trident.

48 — Deux hallebardes modernes.

49 — Deux poignards.

50 — Six poignards ou couteaux, à lames gravées, manches en bois, incrusté d'argent,
argent et métal, et une éprouvette à poudre
en fer.

51 — Cinq poignards orientaux et autres.

52 — Trois poignards Louis XIII.

53 — Deux mains gauches, garde en fer repoussé.

54 — Deux couteaux de chasse, à lames gravées
et damasquinées d'or, l'une porte des inscrip-
tions ; sur l'autre, on lit : *De la manufacture*

de la marque au Raisin, fait à Sohlingen ; manches en bois sculpté et en ivoire ; garnitures d'argent ciselé.

55 — Yatagan oriental, à lame gravée, garniture d'argent.

56 — Couteau de chasse, à lame en fer de lance à deux tranchants, à nerf central saillant, quillons recourbés et garde mobile, poignée en ivoire incrustée d'ornements : arabesques et cartouches à médaillons, profils d'homme et grotesque en fer gravé : Il porte la date : *1649.*

57 — Couteau de chasse Louis XIV, poignée à petite garde à coquille, lame gravée.

58 — Trois sabres. XIXe siècle.

59 — Epée tête de coq. 27-28-29 Juillet 1830.

60 — Epée tête de coq. 1830.

61 — Sabre de grenadier à cheval.

62 — Sabre de dragon. Louis XIV.

63 — Epée d'officier de la garde impériale. Premier Empire.

64 — Sabre de cuirassier. Premier Empire.

64 *bis* — Sabre à poignée unie, le pommeau formé d'une tête de coq, quillons droits, lame

courbe, fourreau en cuir. Baudrier en cuir blanchi, orné d'une grenade et d'un mascaron de Méduse en bronze.

65 — Sabre.

66 — Sabre, fourreau en cuir. Epoque Restauration.

67 — Rapière ancienne en fer forgé, garde à branches multiples, et à doubles quillons recourbés.

68 — Rapière, garde, quillons droits.

69 — Rapière Louis XIII, garde à coquille, quillon droit, pommeau à pans.

70 — Rapière espagnole.

71 — Rapière allemande, XVIIe siècle, garde à petites coquilles, quillons courbés.

72 — Epée Louis XIII à longue lame, garde à coquille ajourée, pommeau à pans.

73 — Deux épées à longue lame, garde à branches.

74 — Epée Louis XIV, garde à petite coquille ajourée.

75 — Epée Louis XIV en fer forgé, la lame à deux tranchants, garde à coquille et pommeau gravé, quillons courbés vers la lame.

76 — Sous ce numéro, lot d'épées Louis XV et Louis XVI.

77 — Epée, garde à coquille à branches multiples ; lame à gouttière, marquée : *Clément et Henry Kuller, marchands à Solingen.*

78 — Epée en fer forgé, à large lame à gouttière, garde à coquille ajourée, pommeau orné d'attributs gravés.

79 — Epée à deux mains, garde à grille, grands quillons droits, pommeau sphérique à godrons obliques, lame à petite gouttière, percée de trous.

80 — Sabre, poignée de bois, coquille ajourée en fer ; sur la lame, on lit : *Dragons de France* et *Vive le Roy.* Rapière à garde en fer ajouré.

81 — Trois épées et une varlope anciennes.

82 — Deux tromblons, canons damasquinés d'argent. XVIIe siècle.

83 — Deux paires d'éperons en fer forgé. Louis XIII.

84 — Pommeau, garde, plaque de ceinture, tire-
bouchon, réglette, équerre, un moulin à
café, une boîte, en fer gravé, ajouré et en
cuivre. (Neuf pièces.)

85 — Petit vase en fer niellé. Ancien travail
oriental.

86 — Quatre éperons anciens en fer.

87 — Casque en cuivre oriental, un casque prus-
sien ; une bride, un sac et une paire de guê-
tres orientales en cuir.

88 — Cuirasse et casque en fer. xvie siècle.

89 — Deux gantelets en fer. Fin du xvie siècle.

90 — Cuirasse et cabasset en fer gravé, décor
par bandes d'arabesques, à animaux ; médaillons à profils et sujets à figures allégoriques;
écusson armorié timbré d'une couronne.
Ancien travail italien.

91 — Cuirasse portant la marque de *Wilh.
Jaeger*.

92 — Casque d'officier de cuirassiers en acier
bruni, cimier à chenille. Epoque 1830.

93 — Casque de cent-gardes.

94 — Briquet complet. Premier Empire.

95 — Deux amorçoirs. XVIe siècle.

96 — Amorçoir en maroquin rouge aux armes de France, dorées au fer. XVIIIe siècle.

97 — Arbalète ancienne en fer forgé.

98 — Tambour armorié. Epoque premier Empire.

99 — Canne de tambour-major. Premier Empire.

100 — Un lot de fer forgé : potence, cadres, coffrets, etc.

100 *bis* — Deux trompettes anciennes.

FAIENCES

PORCELAINES

101 — Bol, présentoirs, tasses, assiettes, etc. (Ensemble quatorze pièces.)

102 — Une cuvette, deux paires de vases, un chat, en céramique japonaise.

103 — Onze assiettes ou soucoupes, un petit poêlon ; deux pichets, deux bas-reliefs, un chien en céramiques variées.

104 — Vase en céramique, décorée d'Haviland.

105 — Vingt et une assiettes patriotiques et autres en ancienne faïence de Nevers, et diverses.

106 — Deux saladiers, un plat à barbe, un plat long et un plat rond, deux assiettes, une saucière, deux burettes, et deux petits pots en ancienne faïence de Nevers et autres, décors variés. Plat en faïence de Creil.

107 — Plat rond, plat ovale, quatre assiettes, un petit compotier, un couvercle de soupière, un sucrier à poudre et une cuiller en anciennes faïences de Strasbourg, du Midi et autres.

108 — Deux cornets et trois assiettes en anciennes faïences de Delft et hollandaises.

109 — Groupe de trois chimères en céladon bleu turquoise de Chine.

110 — Deux petits vases couverts à panse côtelée en céladon bleu turquoise de Chine.

111 — Ravier, forme bateau, en ancienne porcelaine à la Reine, décor fleurettes en couleurs,
et un plat en porcelaine, une tasse en ancienne porcelaine de Chantilly et trois tasses
de la Compagnie des Indes.

112 — Pot à lait en porcelaine de Paris, décor
en couleurs et dorure, médaillon amour sur
un lion dans un paysage et palmettes, du
commencement du XIXᵉ siècle.

113 — Cache-pot, à petites anses coquilles, en
ancienne faïence de Rouen, décor polychrome, à lambrequins et petite bordure.

114 — Un plat octogone, une assiette à la corne,
un petit compotier à godrons, un porte-hui-
lier, en ancienne faïence de Rouen, décor
bleu et polychrome.

115 — Plat rond au marli gaufré simulant la
vannerie, décor, gerbe de fleurs. Ancienne
porcelaine de Frankenthal.

OBJETS VARIÉS

ARGENTERIE — BIJOUX

BRONZES, ETC.

116 — Une pince à asperge, un couvert à salade, un service à découper, un manche à gigot, une cuiller à sucre, en métal de *Christofle*.

117 — Étui à cigarettes en argent, style Louis XV, et deux boîtes à allumettes également en argent.

118 — Étui à cire en argent doré, décor d'attributs. Style Louis XVI.

119 — Coupe polylobée à deux petites anses en argent repoussé et une cuiller en argent fondu. Ancien travail hollandais.

120 — Quatre cuillers á café en vermeil, à coquille. Époque Louis XIV.

121 — Onze cuillers à café, trois cuillers, une fourchette à entremets, et une cuiller en *Christofle*. Un flacon à odeur, un couteau à fromage, une lardoire, et une louche également en argent.

122 — Montre, bague et bouton de chemise, petite breloque, en or, et matière dure.

123 — Un lot de bagues, et débris en argent et métal.

124 — Deux coupes, un pied, un rafraîchissoir, un plateau à sujet de chasse, une paire de flambeaux et une jardinière en métal argenté.

125 — Portefeuille marocain, ornement en argent, et neuf pièces : coupe-papier, étuis à fume-cigarette, cachets, porte-mine, etc., en argent, émail et écaille.

126 — Écritoire en bois noir.

127 — Coupe en cristal gravé, de forme ovale, monture à anse en argent ciselé et doré.

128 — Deux porte-bouquets en cristal, forme corne d'abondance, monture en bronze ciselé doré, base en marbre blanc. Epoque Restauration.

129 — Paire de petits flambeaux, à base triangulaire, en bronze ciselé doré et marbre blanc. Style Louis XVI.

130 — Onze flacons en verre émaillé, collerette et bouchon en argent, travail allemand, xviiie siècle, et un flacon en verre, monture en étain. (Pourront être divisés.)

131 — Dix verres en cristal et verre, gravés et émaillés, modèles variés. xviiie et xixe siècles.

132 — Peinture : Sujet allégorique.

133 — Statuette de divinité debout en ivoire sculpté. Ancien travail chinois.

134 — Paire de chenets et galerie de foyer en bronze chinois.

135 — Paire de flambeaux à renflement en bronze chinois patiné et doré.

136 — Paire de petits vases en bronze chinois, à deux anses feuillages.

137 — Buste de Mirabeau en composition, d'après *Pajou*, médaillon de Victor Hugo, en plâtre.

138 — Vase à piédouche en biscuit.

MEUBLES

139 — Table à quatre pieds tors en bois mou-
luré. Style Louis XIII.

140 — Deux petits tabourets de pied en bois
sculpté. Style Régence.

141 — Glace en bois sculpté doré. Époque
Louis XIV.

142 — Table coiffeuse en noyer, de forme mou-
vementée. Époque Louis XV.

143 — Meuble à deux corps en bois sculpté mou-
luré ouvrant à quatre portes et deux tiroirs,
décor de guirlandes et chutes de fleurs,
feuillages et fruits. XVIIe siècle.

144 — Coffre transformé, en bois sculpté, à décor
d'arabesques et cariatides sur les côtés. Il est
muni de tiroirs sur les faces latérales.
XVIIe siècle.

145 — Table coiffeuse en acajou ; le dessus mobile muni d'une glace intérieurement. Pieds-
gaines. Epoque Louis XVI.

146 — Petite console-desserte en acajou, à quatre pieds cannelés, et tablette . d'entrejambes ; munie d'un tiroir ; dessus de marbre blanc, ceinturé d'une galerie ajourée en cuivre. Époque Louis XVI.

147 — Petite vitrine en acajou à deux portes.

148 — Petite vitrine ancienne en bois sculpté.

149 — Étagère ancienne en bois sculpté.

150 — Trois supports-appliques et un paravent à deux feuilles en bois sculpté et doré.

151 — Tympan, de forme cintrée : faune et enfants bacchants, décoré en dorure.

152 — Trois panneaux, décorés en dorure.

153 — Six chaises en bois sculpté, du xviiᵉ siècle.